# Œuvre de Raphaël Lewisohn

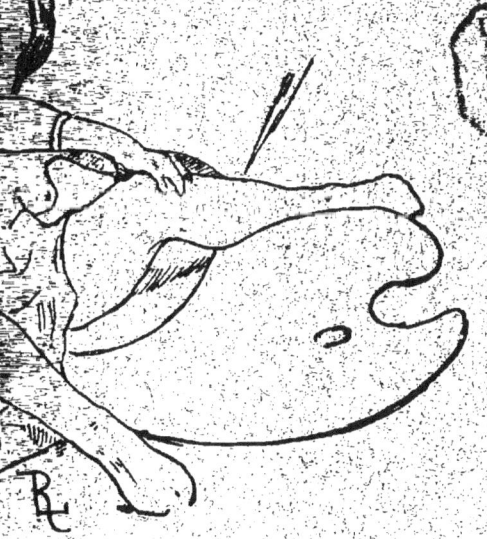

ÉDITIONS
DES
*Cahiers d'Art*
22, rue Claude-Lorrain

PARIS-XVI

# L'œuvre de Raphaël Lewisohn

Dessins inédits et Peintures

IL A ÉTÉ TIRÉ :

Cent exemplaires d'amateurs, numérotés et signés par l'auteur.

Prix : Trois francs.

Exemplaire N°

# L'œuvre

DE

# Raphaël LEWISOHN

La récente exposition de Raphaël Lewisohn à la *Société Nationale des Beaux-Arts*, où depuis des années il est membre associé, nous a montré que le peintre arrivait à un tournant de sa carrière où il devenait maître de sa palette.

N'en déplaise à ceux pour qui la consonnance de son nom serait une prime à la conspiration du silence, l'œuvre de Lewisohn apparait aujourd'hui très pure, très belle, très sincère et a tout à fait le caractère de la grande peinture.

Ce terme assez obscur parmi les dissertations critiques n'étiquette nullement la peinture d'Histoire ou les grandes compositions allégoriques. La grande peinture est l'extériorisation d'une sensibilité colorée, le mariage absolu de la sensation réfléchie et de la représentation par l'image. Elle contient toujours en germe des idées et se réclame de l'impression. Attitude ou pensée qui domine l'œuvre, axe invisible de l'esprit d'après lequel se construit l'image, ce je ne sais quoi d'insaisissable et d'abscons dans l'impression forme précisément le caractère d'une œuvre ; c'est le cachet personnel, le style propre à chaque artiste.

La peinture de Lewisohn est essentiellement personnelle et échappe à toute comparaison. Sa facture ne rappelle aucun Maître et l'on n'y sent l'influence d'aucune école moderne, parce que le peintre n'eut d'autre professeur que la Nature. C'est devant elle qu'il est allé chercher l'inspiration qui grondait en son âme, telle une source souterraine dont il écoutait anxieusement les musiques assourdies.

Ce souci constant de puiser aux sources de la Nature, cette communion perpétuelle de l'artiste avec les choses lui ont donné le goût du coloris à un degré tel qu'il absorbe la ligne, au point de la faire disparaître sous le jeu des taches colorées.

La ligne mathématique n'existe pas dans la nature. L'homme l'ayant créée comme le raccord tangible de sa vision intérieure, l'a transportée dans la nature. C'est pourquoi Lewisohn ne dessine pas un paysage ou un groupe, il le peint. Mais lorsque les agglomérations de maisons, les silhouettes de bâtiments l'obligent à tenir compte de ces schémas linéaires, la vibration atmosphérique leur enlève toute sécheresse, les fond dans l'ambiance colorée.

C'est à cette limite de l'impression qu'il devient le continuateur des grands impressionnistes dont il a suivi l'exemple. Comme eux, il s'est évadé des formules, des routines, des visions fausses et des couleurs de convention. Par ce geste libérateur il se relie à la tradition de tous les artistes originaux pour qui la nature fut la seule et sublime Inspiratrice.

Avant d'aborder l'étude de l'œuvre de Lewisohn, je désire entrer dans certaines considérations générales qui me permettront de montrer quelle est sa place dans l'art contemporain et par quelles filiations obscures son œuvre se rattache profondément à la vie.

*
* *

M. Charles Morice a ouvert, dans le *Mercure de France*, une enquête sur les « tendances actuelles des arts plastiques ». La diversité des réponses donne le plus grand intérêt à ce referendum et il est très curieux de voir de quelle façon les artistes eux-mêmes comprennent l'art.

Parmi les réponses publiées, celle de M. Castelucho, dont j'ai déjà noté le talent vigoureux, original et varié, me paraît condenser, dans sa concise expression, l'idée exacte que nous devons nous faire de l'Art et de la peinture en particulier. Il dit :

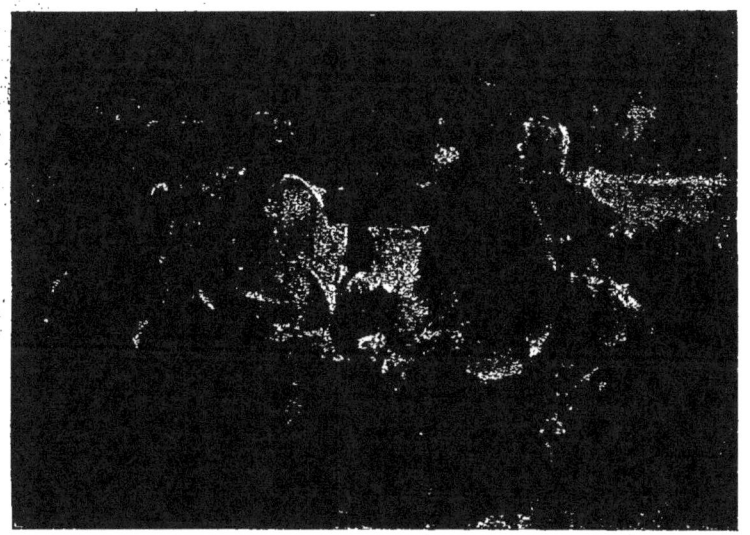

Le Goûter (aquarelle)

« L'Art tourne autour d'un même sentiment, il change sans cesse en s'efforçant d'exprimer une idée identique, une sensation invariable : l'instinct de la vie.

« Dans la pensée de l'artiste, l'œuvre d'art est une tache décorative ; dans sa vision sensuelle, c'est toujours une touche impressionniste.

« Le bon impressionnisme est l'essence de toute œuvre d'art, mais les métiers impressionnistes *ont toujours été finis*.

. . . . . . . . . . . . . . . . . . . . . . . .

« La nature extérieure donne à l'artiste des prétextes qui lui permettent d'exprimer ses sentiments personnels. »

Je compléterai cette claire définition par cette phrase de M. Paul Sérusier, un autre interviewé :

« La nature ne nous fournit que des matériaux inertes. Seul un esprit humain peut les disposer de telle sorte que, par eux, il puisse exprimer ses sentiments et ses pensées *au moyen des correspondances*. C'est par là qu'on arrive au Style, but final de tout art. »

Depuis cinquante ans les correspondances naturelles ont éclos d'une façon prodigieuse dans le domaine de l'Art. La littérature, la peinture, la sculpture, le dessin, les arts musicaux, tout ce formidable orchestre des vibrations artistiques modernes tend de plus en plus à s'unifier par des voies correspondantes, à se relier dans leurs diverses manifestations par les ellipses paralléliques de leurs affinités.

L'Art naît d'une extrême sensibilité, du don de s'émouvoir au spectacle des choses ou des événements et du désir de traduire cette émotion par les signes favoris de son tempérament.

De cette source commune jaillit, au hasard des physiologies nerveuses, l'admirable fresque des attitudes esthétiques.

C'est ainsi qu'un coucher de soleil suscitera le lyrisme du poète, la sensibilité oculaire du peintre, le rêve mélodieux du musicien. Le verbe, la couleur et le son deviendront donc les expressions de la même émotion. Et, si l'artiste n'obéit qu'à l'inspiration, sans essayer de la tamiser au filtre des idées préconçues ou des arrangements conventionnels, il communiquera à son œuvre cette émotion fugitive qui, par des affinités obscures et inanalysées, éveilleront dans l'âme d'autrui une émotion transposée à son tour à travers le prisme émotif de la sensibilité personnelle. Cette émotion matérialisée, aussi durable que son signe, est l'indice du chef-d'œuvre et le critérium du Beau, car les générations qui suivront ressentiront cette commotion virtuelle en sa présence.

L'Art est donc l'attitude d'une âme dans un signe. De même que l'âme est le reflet de l'intelligence, que l'intelligence se développe, se cultive et s'affine au prorata de l'apport des civilisations, de même le signe matériel subit les transformations que l'intelligence imprime aux sens — ses ouvriers — sous l'influence des milieux et des atavismes.

Le perfectionnement de la race est l'indice le plus certain de la prépondérance de l'esprit dans la matière vivante, car l'organisme humain — qui ne fait qu'un tout et que d'anciennes philosophies nous portent à considérer comme double — subit aussi toutes les influences climatériques, se moule à tous les contacts sociaux pour se transformer et créer des types.

Le signe se modifie donc parallèlement à l'intelligence, d'où il s'ensuit que les expressions des arts se modifient elles-mêmes sous l'influence des idées. La grande pénétration scientifique qui caractérise l'étape actuelle de notre culture a profondément modifié l'éducation de nos sens, de sorte que les arts se sont débarrassés peu à peu des erreurs routinières qui faussaient leur expression matérielle.

S'ensuit-il que l'Art se renouvelle ?

Non, il change de parure, se creuse intérieurement comme la grotte de tuf, sous la morsure des gouttes d'eau, se travaille lui-même sous l'apport de nouveaux matériaux, mais il reste toujours la même admiration de l'homme pour la Nature, et, selon le mot de M. Castelucho, il exprime avant tout « l'instinct de la vie ».

La vie change à toutes les étapes humaines et l'Art, qui est son réflecteur, suit l'évolution des attitudes et gestes sociaux. Son essence seule est invariable comme le désir éternel de l'homme. Le même sentiment fait tressaillir le peuple des faubourgs aux ritournelles d'un orgue de Barbarie, la Midinette à l'écho d'une romance et l'élite aux symphonies de Beethoven. C'est l'âme mystérieuse de l'Harmonie — une des modulations de la vie — qui touche les nerfs du rustre, de la femme et du cultivé ; le mode seul en change la vibration.

« Mathématiquement, la nature n'existe qu'une fois » ; chacun la voit selon son œil et la traduit selon ses goûts, c'est-à-dire selon l'émotion que font sur lui les différentes manifestations de sa beauté.

Est-ce à dire que l'artiste doit copier servilement la nature ? Non, il la traduit et peu importe la façon dont il l'interprète, si l'émotion naît du contact de l'homme avec elle.

Si nous regardons les paysages des Primitifs, nous concluons que ces artistes copiaient les accidents de la Nature, qu'ils la *voyaient intérieurement, mais ne l'extériorisaient pas*. Ce sentiment concordait avec le dogme de leur foi, puisque, à leurs yeux, la nature était créée *pour* l'homme. Jamais il ne leur serait venu à l'idée de représenter le Christ sur le Golgotha, perdu dans l'immensité d'un ciel de désastre, à peine perceptible au milieu des éléments déchaînés. Et, quand on compare à leurs pieux crucifiements l'admirable synthèse du *Christ aux outrages*, de M. Henry de Groux, on devine l'immense fossé qui sépare notre vision de la leur. Pour eux, l'homme était le centre de la Nature et celle-ci rayonnait autour de lui ; il la résorbait en lui-même et sa représentation ne devenait plus qu'une *image intérieure*.

Mais l'Art touche à des problèmes si profonds et si complexes de la psychologie et des croyances que nous devons respecter en elles toutes les manifestations des époques, puisqu'elles ont affirmé leur existence par des œuvres d'art.

※
※ ※

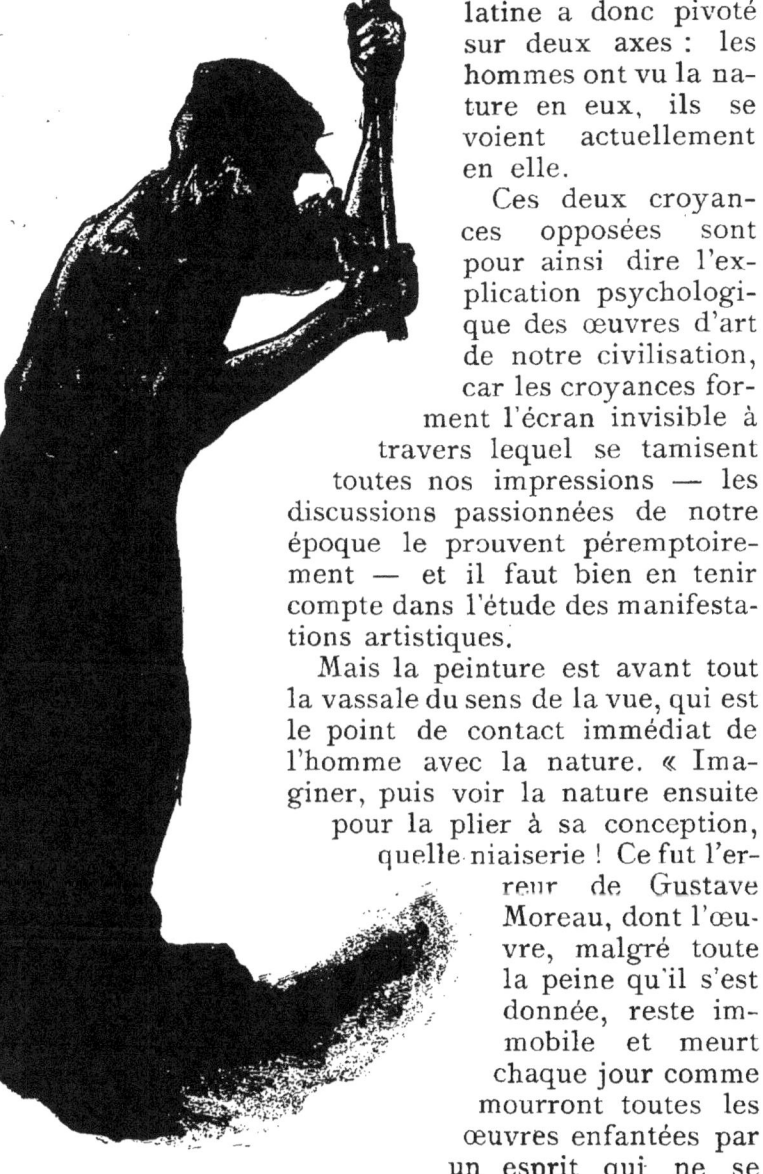

Fusain et Aquarelle

Notre civilisation latine a donc pivoté sur deux axes : les hommes ont vu la nature en eux, ils se voient actuellement en elle.

Ces deux croyances opposées sont pour ainsi dire l'explication psychologique des œuvres d'art de notre civilisation, car les croyances forment l'écran invisible à travers lequel se tamisent toutes nos impressions — les discussions passionnées de notre époque le prouvent péremptoirement — et il faut bien en tenir compte dans l'étude des manifestations artistiques.

Mais la peinture est avant tout la vassale du sens de la vue, qui est le point de contact immédiat de l'homme avec la nature. « Imaginer, puis voir la nature ensuite pour la plier à sa conception, quelle niaiserie ! Ce fut l'erreur de Gustave Moreau, dont l'œuvre, malgré toute la peine qu'il s'est donnée, reste immobile et meurt chaque jour comme mourront toutes les œuvres enfantées par un esprit qui ne se renouvelle pas », écrit

écrit le peintre Albert Besnard dans le referendum de Charles Morice.

Ces paroles valaient d'être citées ici comme contre-partie, par l'exemple, à l'assertion qui les précède.

La peinture est donc d'abord une question d'yeux. Si l'œil du peintre est simple, il verra la nature sous des couleurs sombres; si l'œil est extrêmement sensible, la nature se dévoilera autrement colorée, frémissante et vivante. Ce fut le point de départ de l'éducation visuelle de Monet, Pissarro, Sisley, etc., de ces hommes qu'on a catalogués à tort impressionnistes, parce que la langue française manque d'expressions imagées. Parce que ces artistes furent un petit nombre, qu'ils se groupèrent en vertu de ce principe social: l'union fait la force, parce que notre esprit scholastique a la routine des termes généraux et amphigouriques, on ergote indéfiniment sur l'imprécision de cette étiquette. Mais il faudra pourtant bien y voir la méthode d'éducation qu'ils apportèrent en obligeant leurs contemporains à regarder davantage la nature, à exercer, affiner leur vision, par conséquent à clarifier leur peinture.

Ce fut l'erreur de ceux qui imitèrent leur manière, croyant harmoniser la sensation avec le procédé, avant d'avoir éduqué leurs yeux.

L'impressionnisme, pour ne pas changer le vocable, fut un retour à la nature, une amende honorable à la lumière. Basée sur des procédés scientifiques, sa technique est secondaire et ne vaut que par l'émotion qu'elle exprime.

Les œuvres admirables de Monet, de Pissarro, etc., chantent glorieusement les beautés magnifiques et immortelles de la nature et de la vie; c'est la leçon de leurs œuvres que nous retenons.

\*
\* \*

L'Art évolue aujourd'hui parallèlement à cette ascension de la Vie vers sa conception panthéiste et universelle.

Mais, parmi les émotions multiples et variées dont la sensibilité de l'homme s'émeut, l'artiste, le peintre doit savoir trier et choisir celles qui sont le plus susceptibles de généralité. De même que le poète débarrasse son lyrisme de toutes les scories verbeuses et inutiles, afin de forger au rythme des mots le pur métal de sa poésie, de même le peintre clarifie son émotion au point de l'extérioriser complètement dans l'harmonie du coloris.

Et qu'on ne vienne point nous dire que le « coin de nature » est le signe de la dégénérescence de notre art, de son impuissance ou de son anémie. Le plus petit détail peut suggérer une forte émotion et de grandes amours sont nées d'une attitude, d'une chanson, d'un geste ou d'une pensée. Pissarro, Sisley ont fait des chefs-d'œuvre devant des taillis, une maison, un étang, etc. J'ai déjà dit que Monet avait créé d'incomparables poésies avec ses vues de la Tamise. Et cependant, la composition y fait totalement défaut ; ce sont des silhouettes de monuments, des ponts, de l'eau, des nuages, de la lumière.

J'insiste sur ce point pour répondre au reproche que certains traditionnistes moroses font aux artistes modernes, car l'arrangement et la composition ne sont plus aujourd'hui une condition *sine quâ non* et l'ère des remplissages est périmée.

Ce reproche peut s'adresser surtout à Lewisohn, car sa peinture est totalement dépourvue de composition et d'arrangement. Par contre, il semble réaliser le type exact du peintre de race. Lewisohn est peintre incontestablement, c'est-à-dire coloriste et n'ambitionne assurément pas d'autre titre.

Eloignée de toute influence littéraire, sa peinture est l'expression enchantée de la vie, la chanson gaie du soleil sur les mille facettes de l'existence. Pour lui, la lumière auréole tout de sa splendeur, tel ce *Coin de soleil* où des enfants miséreux s'ébattent dans la joie et l'insouciance de vivre.

Observateur aigu et précis, Lewisohn ne regarde pas au delà de la vision extérieure, ne pénètre pas la psychologie de son sujet, ne la cherche pas et la trouve cependant par la justesse de sa vision.

Lewisohn *voit* les choses et les êtres avec une acuité de perception très rare chez les artistes modernes, et je ne connais pas de visage plus expressif que cette *Femme de marin*, de silhouettes plus naturelles que la *Chiffonnière*, le *Terrassier*, les *Ménagères*, la *Cuisinière*, d'un réalisme saisissant.

Réaliste, telle est la note dominante du talent de Lewisohn, mais son réalisme n'est ni une étiquette d'école, encore moins un thème à sociologie ou satire sociale. Il est réaliste à la façon des Hollandais, ne tire nul effet ironique ou dramatique des contrastes dont il pourrait user. Il estampille par là son parchemin de peintre et voit la réalité telle qu'elle est, sans fioriture ni grossissement, avec ses laideurs familières et sa poésie incomplète et fugitive.

Ce réalisme lui fait chérir les humbles, les êtres astreints aux tâches fatigantes qui développent les muscles, font jaillir les attitudes, mettent en valeur les formes.

Cette optique particulière du monde extérieur ne le confine pas dans une sorte de « rayon » où quelques artistes se sont spécialisés, au grand bénéfice des agioteurs. Il est vrai que le peintre ne sacrifie pas au luxe, à la vie fastueuse des princes de la palette, qui sont la proie des marchands de tableaux et produisent jusqu'à l'anémie cérébrale un nombre incalculable de marines, de paysages, de nus, etc.

La grande diversité de son talent n'est pas un de ses moindres mérites, car Lewisohn aborde avec autant d'amour et de conscience le portrait, le paysage, le nu.

Quoi de plus délicieux que cette *Yvonne* tenant dans ses bras une poupée, sa petite sœur, croirait-on. Le *Jeu de quilles* et les *Terrassiers* disent à merveille l'attention réfléchie des gosses et le labeur méthodique des chantiers.

Le *Moissonneur* évoque la plaine dorée et vacillante de la moisson, tandis que *Brumes d'automne* et *Bords de l'Oise* chantent, l'un, la douceur infinie des plaines sous la brume flottante, l'autre, la délicieuse fraîcheur d'un matin d'été sur les bords de

Pastel

l'eau, dont la nappe claire réflète la profondeur d'un ciel pomponné de nuages légers.

Quelle douce nostalgie du plein air et des existences rurales elle évoque, cette eau profonde et gaie, sur les bords de laquelle le village s'enfouit au milieu de verdures épanouies.

Paysagiste, Lewisohn est un poète exquis dont la couleur égaie les harmonies végétales. L'espace s'y amplifie de toutes les impressions fugitives condensées en une même émotion poétique et la campagne se découvre dans sa complexe harmonie de couleurs et de nuances.

Parfois, le peintre marie des silhouettes humaines à la fragile et somptueuse impression du décor, mais ces personnages ne posent pas, font partie de ce décor, dont ils complètent la signification.

*Déclin du jour* est une page vibrante et douce, l'image d'un crépuscule rose et doré où la lumière baigne êtres et choses dans la même fragilité somptueuse et agonisante. Le contraste est naturel; la campagnarde se mêle au crépuscule, qui lui donne un reflet d'infini recueillement par la magie de son enchantement. La forme humaine semble née de la lumière qui l'auréole et, dans ce concerto des nuances, rentrer dans l'harmonie des féeries solaires.

Dans le paysage, mieux qu'ailleurs, Lewisohn sait utiliser la profusion de ses impressions, les coordonner en une même harmonie de coloris. Dans le portrait ou l'étude des types, il s'attache surtout à rendre la « tache décorative », selon l'expression si juste de M. Castelucho.

Cette curieuse pochade des *Bigoudènes* exprime à merveille ma pensée et sera le point de départ de l'explication de sa peinture.

Lewisohn semble peindre par taches, saisir la nuance juste et, avant de la poser, l'harmoniser aux nuances juxtaposées. Ce travail lui fit choisir un moyen de coloration un peu revêche et tourmenté, qui disparaît à mesure que le peintre acquiert le doigté suffisant.

Car beaucoup d'artistes sacrifient la justesse de leur impression colorée à des teintes conventionnelles plus jolies et mieux harmonisées, faute de pouvoir marier les éléments de leur impression.

L'étude de la peinture moderne fait découvrir cette impuissance chez bon nombre d'artistes. Leurs débuts sincères promettaient, et malgré les inhabiletés de leurs toiles, on sentait qu'ils apportaient une vision originale. Puis, sacrifiant au « fini » et à la mode, ils délaissèrent leurs recherches et suppléèrent à l'originalité de leurs débuts un brio de complaisance.

Lewisohn a eu ce courage — il faut l'en louer — de poursuivre son œuvre sans se soucier de la mode et des éloges. Au fur et à mesure des années, sa touche s'adoucit, sa manière devint harmonieuse, les nuances innombrables de sa palette se juxtaposèrent en une claire symphonie.

*Jeune Italien*, qu'il exposa cette année, est, à ce point de vue, la preuve incontestable de la maîtrise à laquelle l'art de Lewisohn est parvenu.

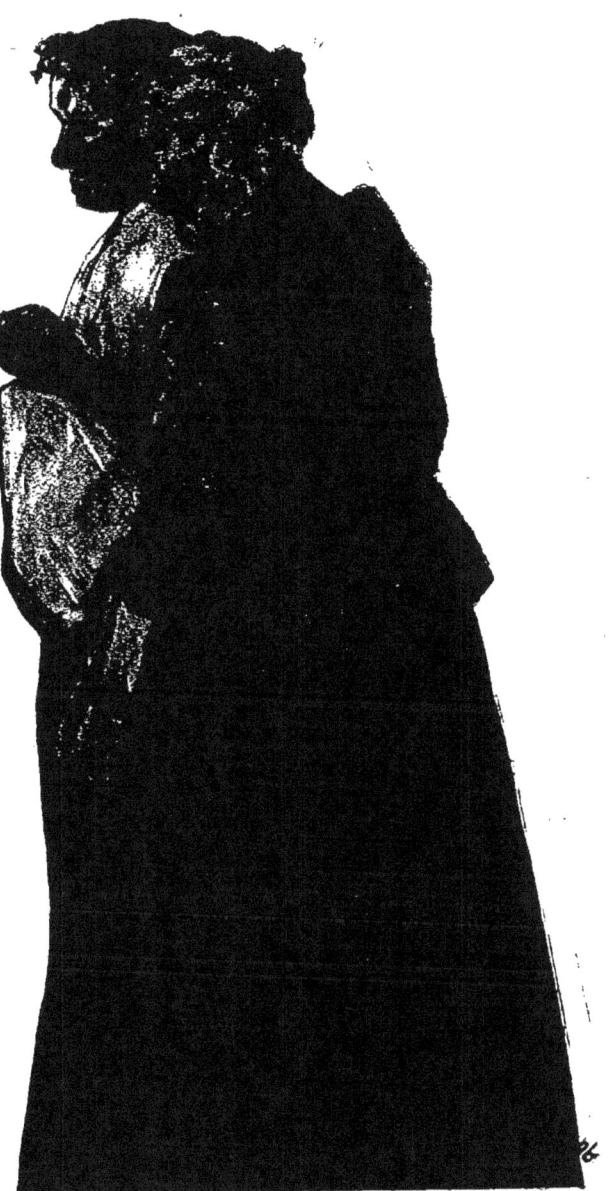

Ménagères (pochade)

La chair de cet adolescent est dorée, ambrée, veloutée, frémissante sous la caresse de l'air ambiant qui la baigne. Outre l'anatomie impeccable et le modelé sans heurt, cette œuvre résume admirablement la technique du peintre.

Je m'étonne même que la commission d'achat, qui a pourtant du goût, n'ait pas fixé son choix sur elle ; donnons-lui l'excuse du mauvais éclairage de la rotonde où cette toile fut exposée.

Telle qu'elle apparaît à cette heure, l'œuvre de Lewisohn est une image magnifique de la nature. Elle chante sa clarté, sa santé, sa joie en des pages harmonieuses et colorées, elle lui laisse le soin de dire les superbes espérances de ceux qui croient en elle, la poésie délicate et familière de ses paysages, les attitudes et les joies de ceux qui sont le plus proches d'elle.

Le sentiment dominant de cette œuvre est la santé, par la claire vision des êtres, comme si l'artiste n'entendait pas les discordances sociales, absorbé dans la contemplation des gestes de la vie.

L'âme du peintre y apparaît comme le miroir limpide d'une eau de rivière dans laquelle se réfléteraient les choses, au fond de laquelle se fixeraient les attitudes des êtres qui la côtoieraient, calme dans le retrait d'une existence philosophique en qui les drames et les luttes de la vie n'ont pas altéré la sérénité contemplative.

C'est une œuvre saine et sans tapage, modeste comme la vie qu'elle exprime, malgré l'apparence révolutionnaire des recherches du début. Aux gens superficiels, Lewisohn n'a pas dû plaire dès ses premiers envois ; il aura subi le sort commun à tous les artistes originaux.

Qu'importe, il a fait une œuvre sincère, féconde et riche en promesses.

Poème inachevé, cette œuvre est la glorification de la Vie. Pareil au sage, le peintre s'y absorbe, essaye

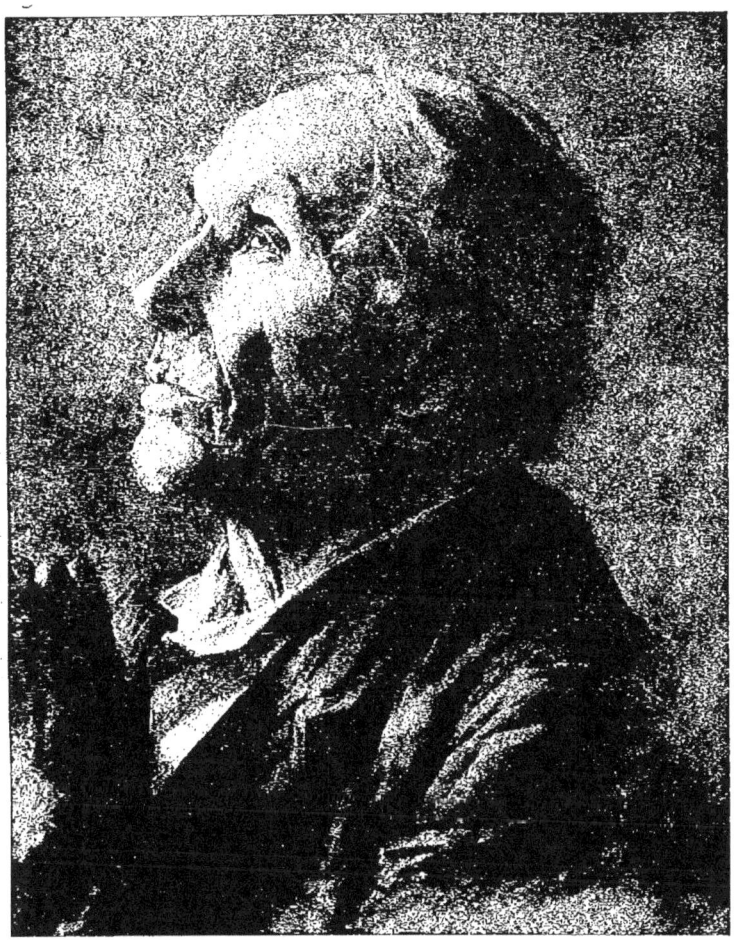

Fusain

de la comprendre, d'en saisir les nuances infinies et les variétés innombrables, d'y adapter ses rêves et d'y ransposer les ferveurs occultes par lesquelles il la chérit.

Raphaël Lewisohn a su faire de son art la raison d'être de son existence ; il est juste que l'Art lui donne les satisfactions intimes qu'il procure à ceux dont l'âme s'ennoblit dans le culte de la Beauté.

J.-C. HOLL.

Septembre 1905.

## NOTES BIOGRAPHIQUES

Raphaël Lewisohn est né à Hambourg, en 1863, de parents industriels. Dès son jeune âge, il manifesta un goût prononcé pour les Beaux-arts, et, malgré la carrière très lucrative qui l'attendait dans l'industrie où sa famille occupe une haute situation à New-York, il quitta tout pour suivre sa vocation et vint à Paris en 1884. Son premier souci fut de se faire naturaliser et il accomplit son service militaire à Alençon, puis se maria à une Française.

Lewisohn exposa la première fois aux *Artistes Français* en 1889, jusqu'en 1893, date à laquelle il entra à la *Nationale*, où l'on s'étonne de ne pas le voir sociétaire. Entre temps il fit partie de nombreuses manifestations artistiques.

IMPRIMERIE F. DEVERDUN, BUZANÇAIS (INDRE).

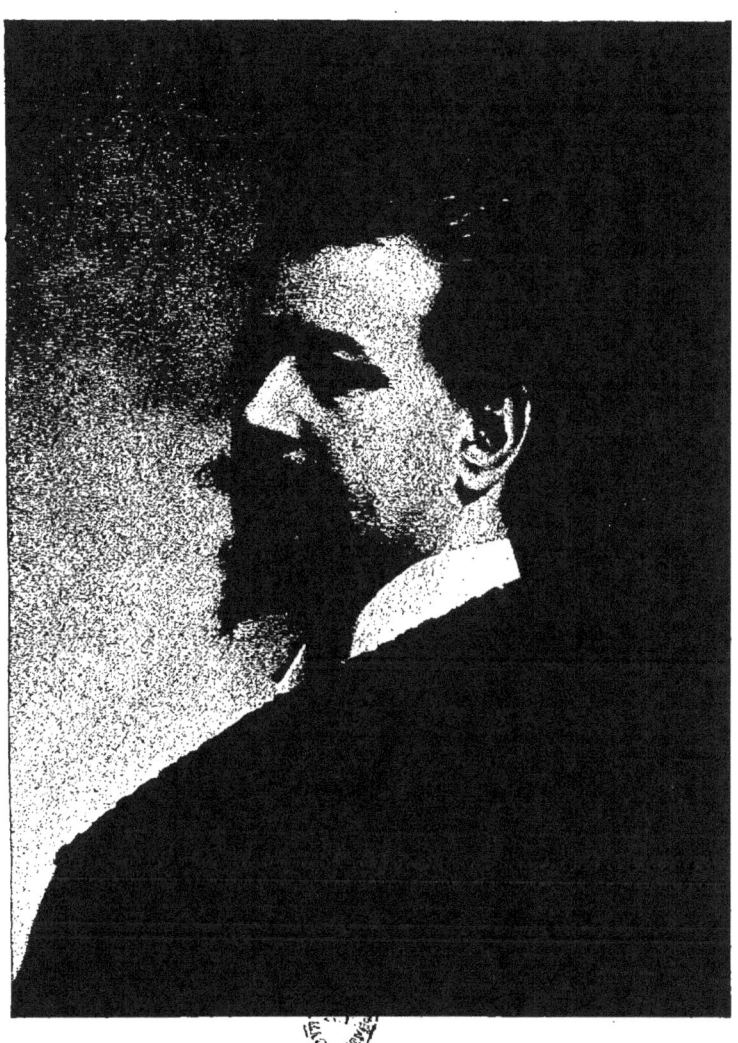

RAPHAËL LEWISOHN

Salon de 1904.
Femme de marin.

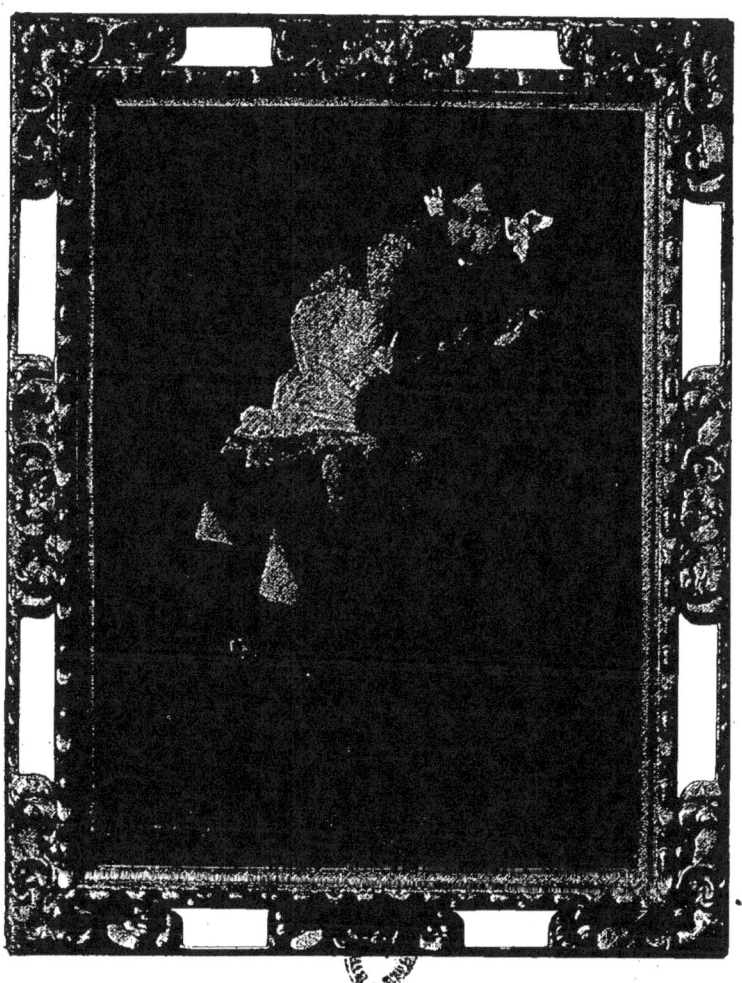

YVONNE (portrait). App. à l'auteur.

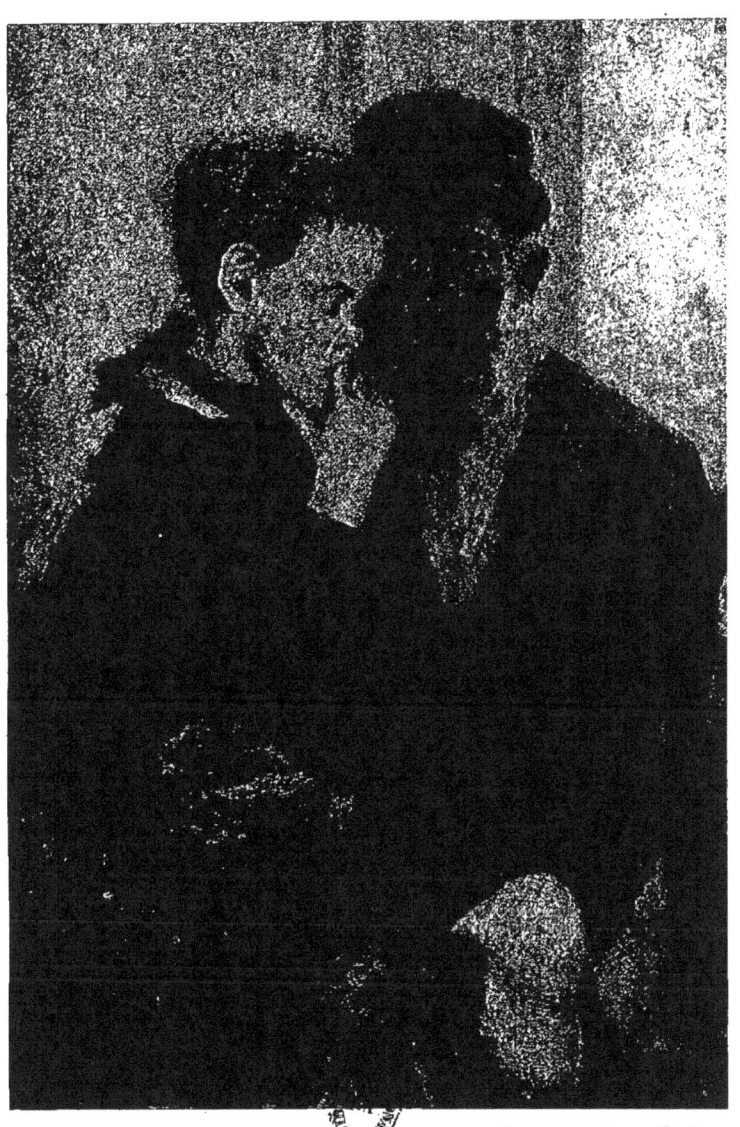

App. au peintre Roll.

Tendresse d'aïeul.

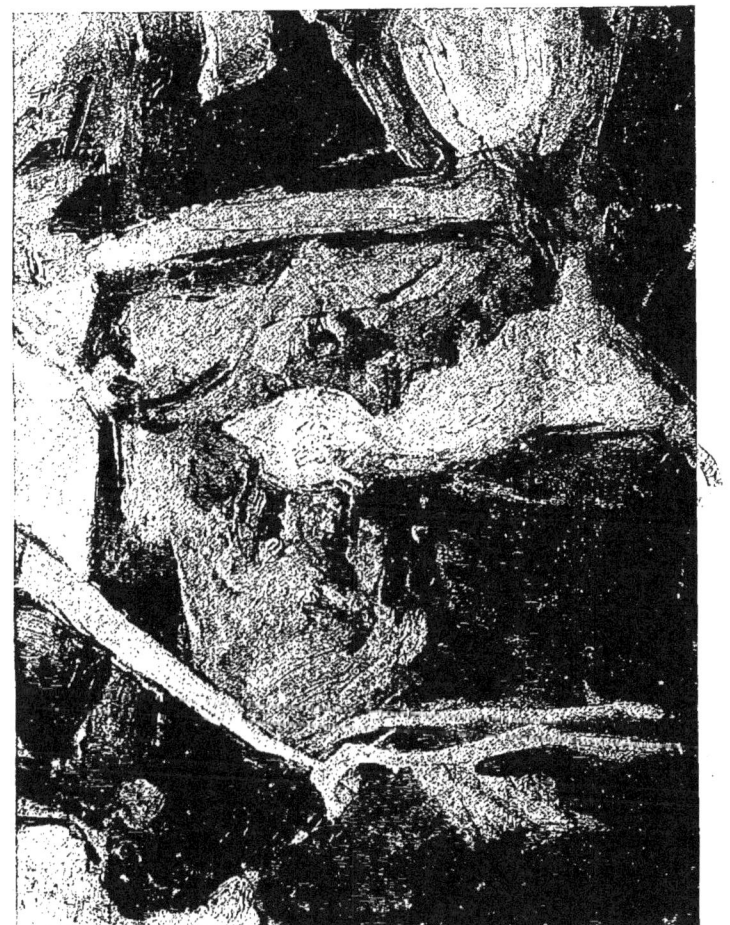

Jeunes " Bigoudènes " (Concarneau).

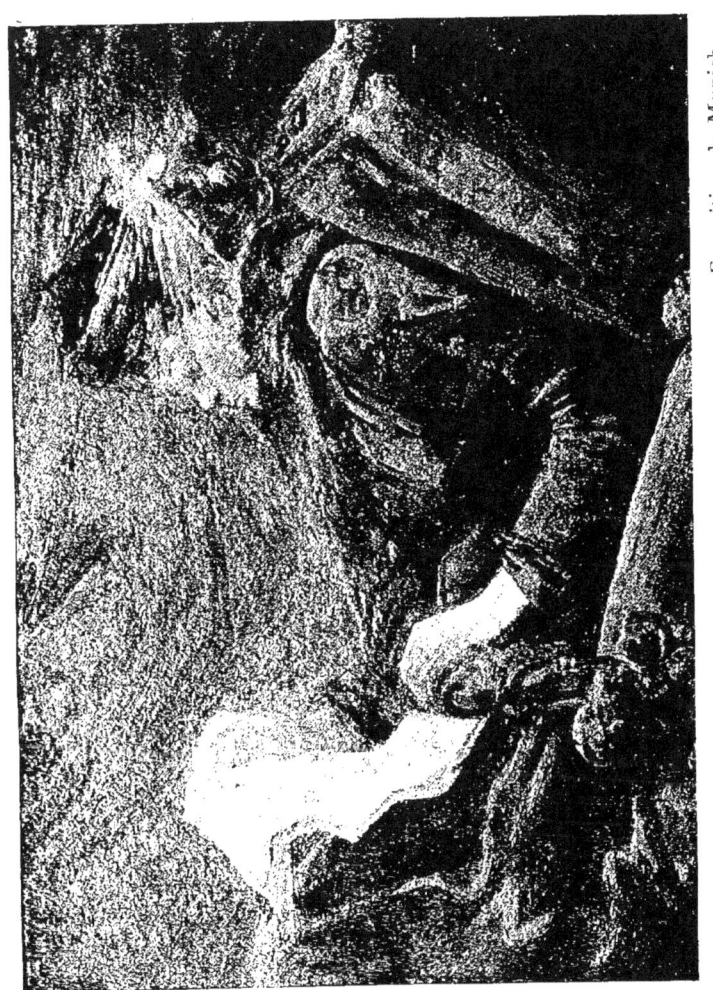

App. au Dr Aubeau.    Lecture.    Exposition de Munich.

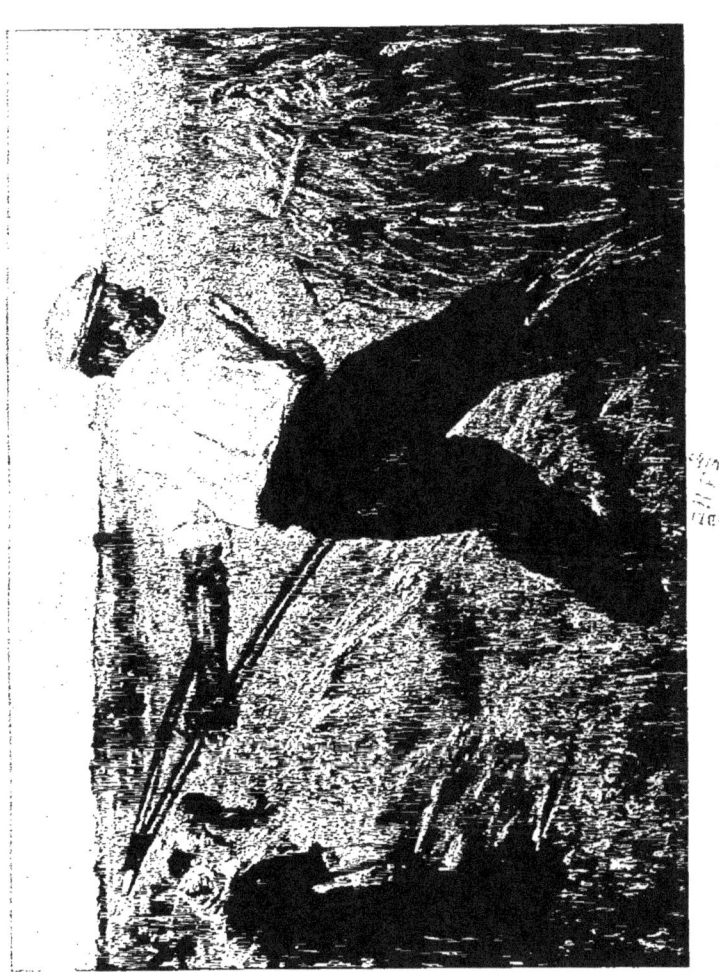

Le Moissonneur. — Salon de 1905.

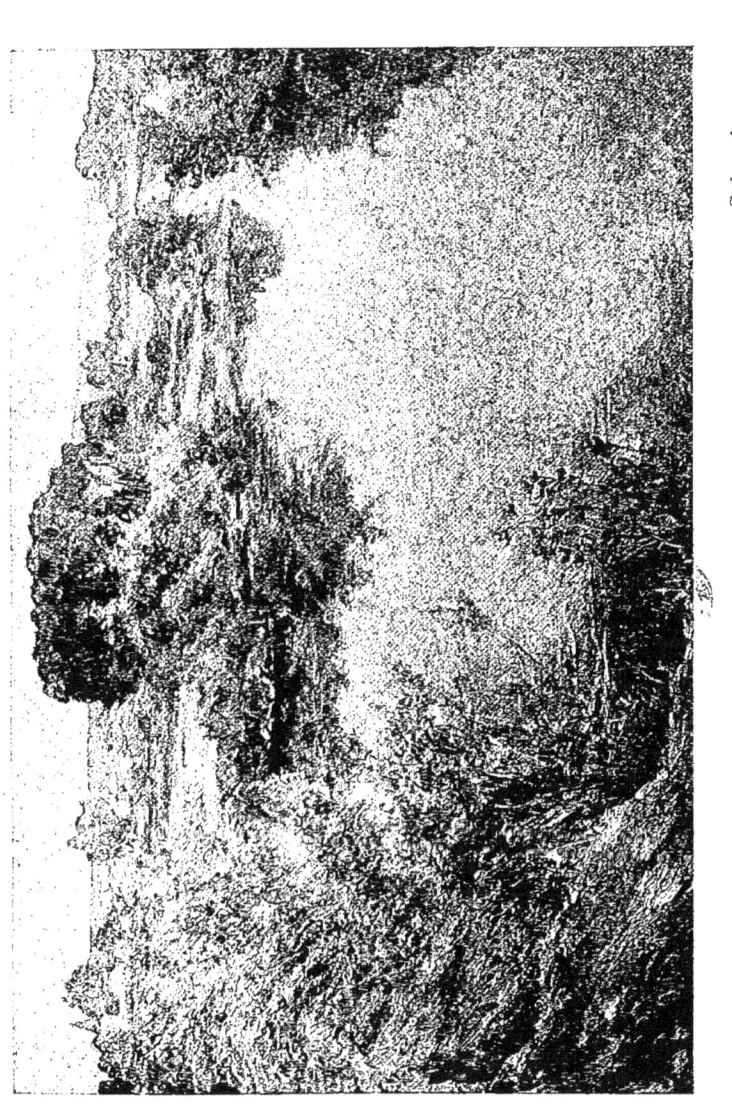

Bords de l'Oise (matin d'été).

Salon de 1905.

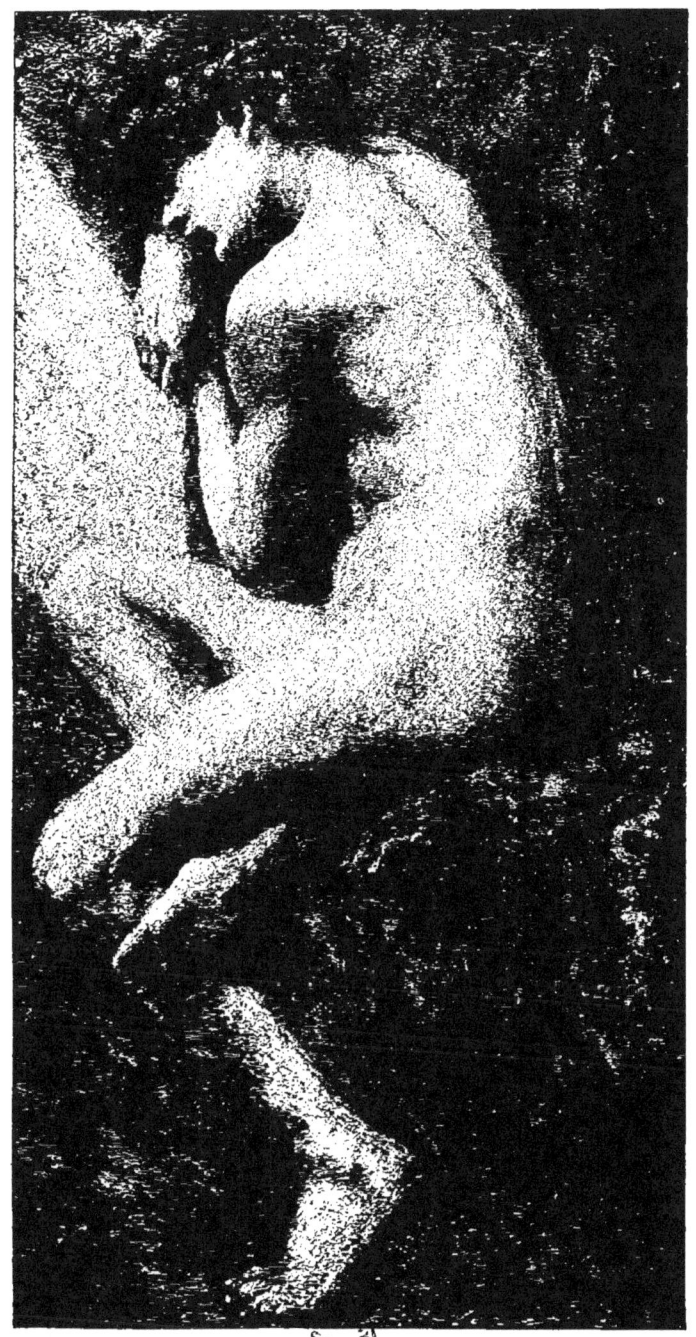

Jeune Italien. Salon de 1905.

Brumes d'automne. Salon de 1905.

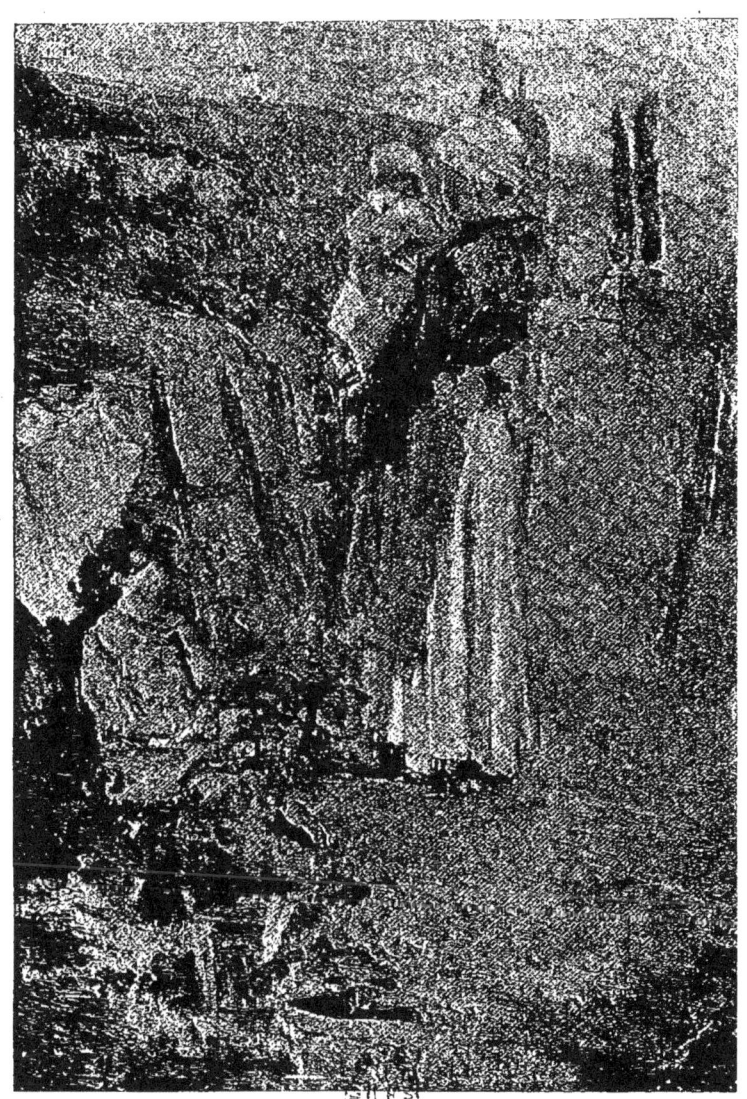

Déclin du jour.  Salon de 1897.

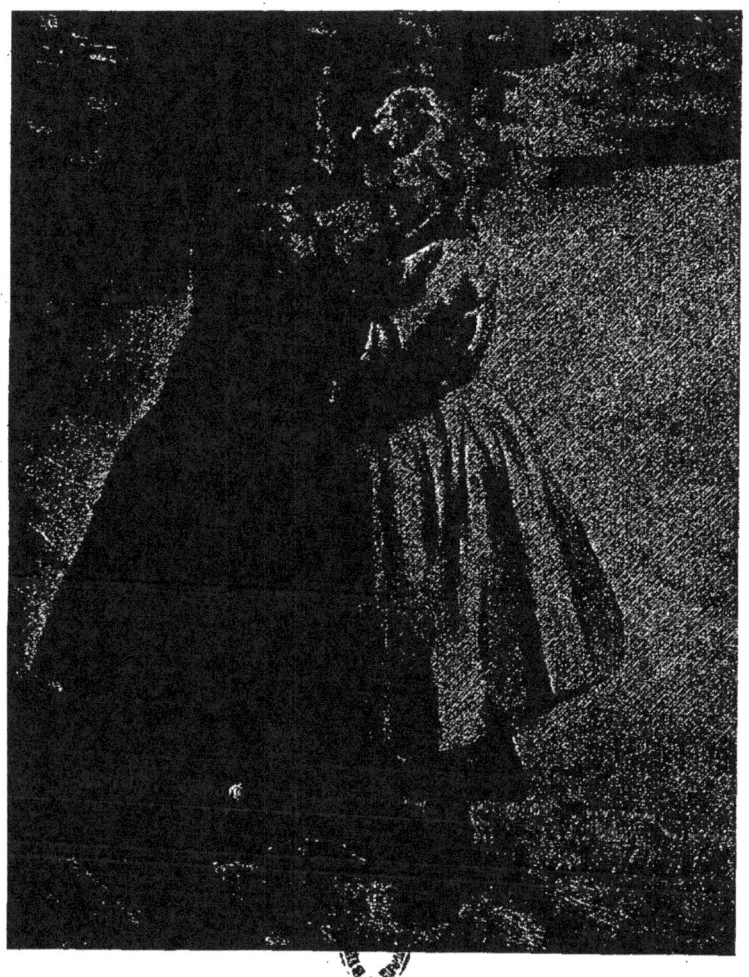

Première valse. Salon de 1903.

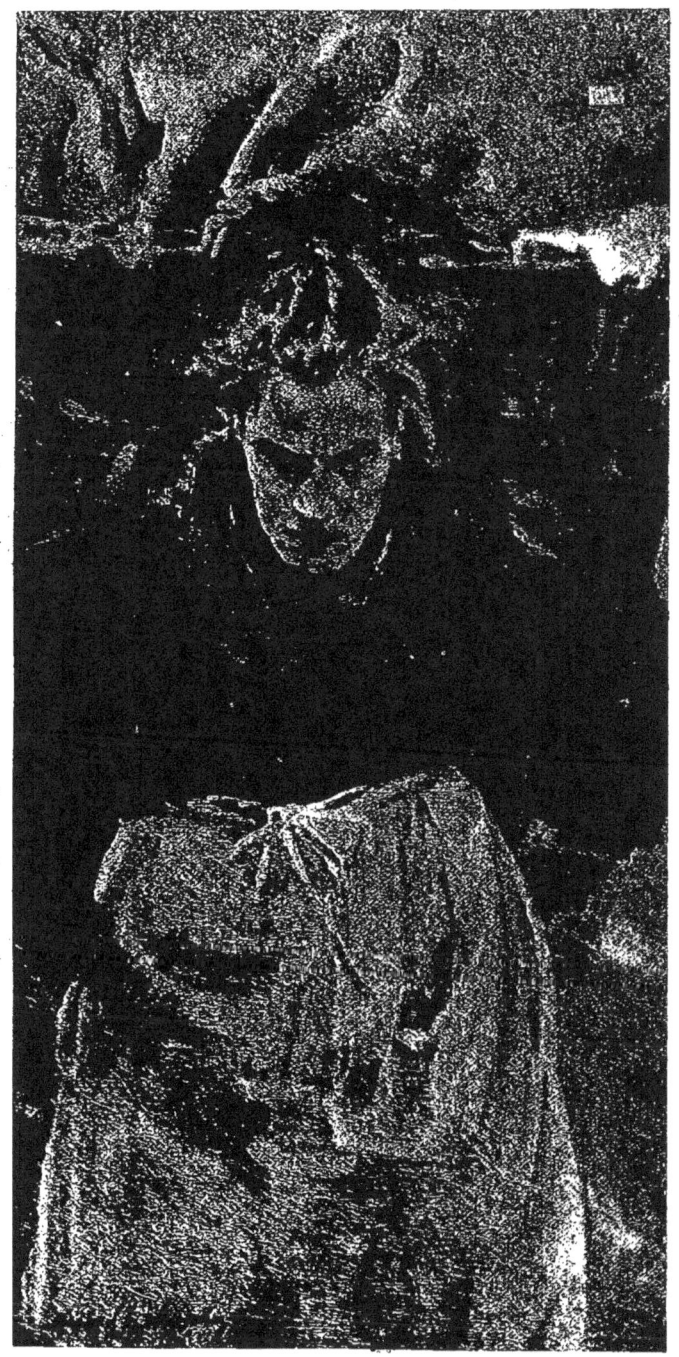

Chiffonnière. Salon de 1897.

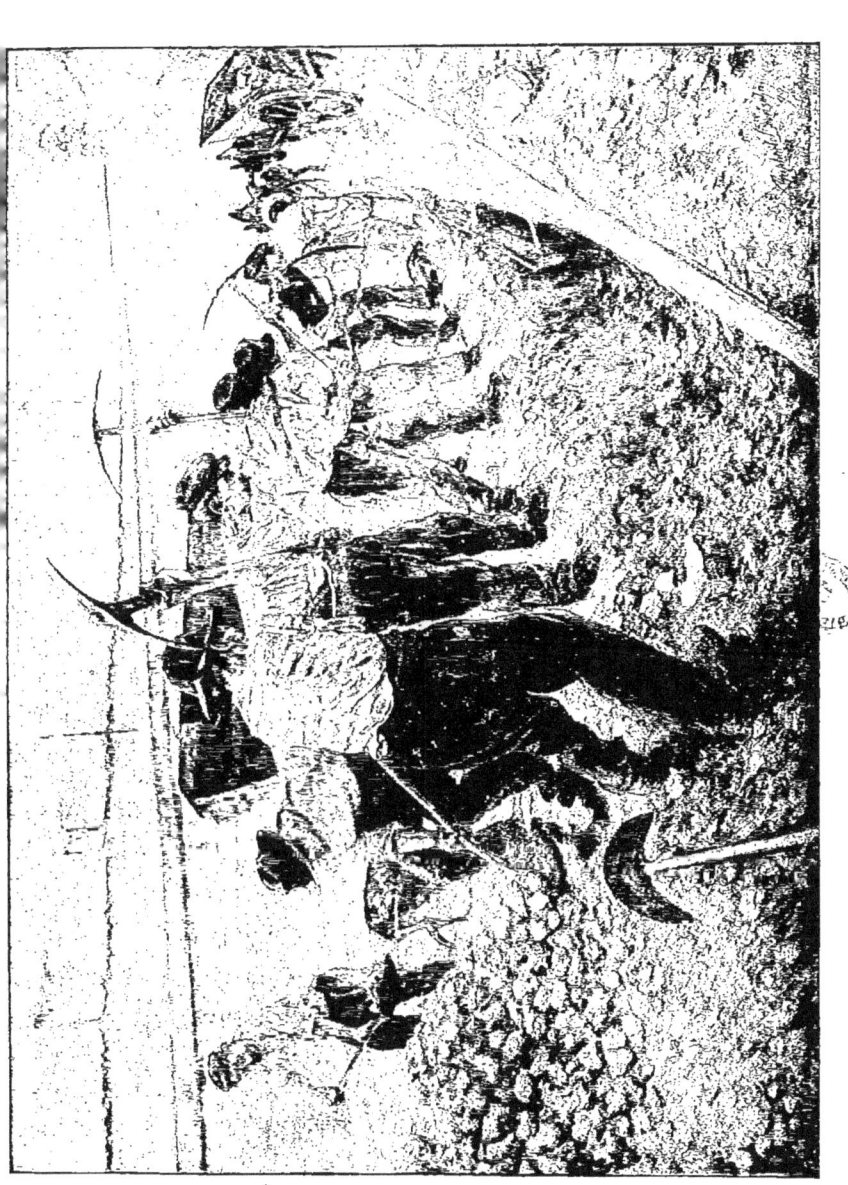

App. à M<sup>me</sup> V<sup>ve</sup> Jules Lewisohn (Londres).   Salon de 1899.

Terrassiers à Pantin.

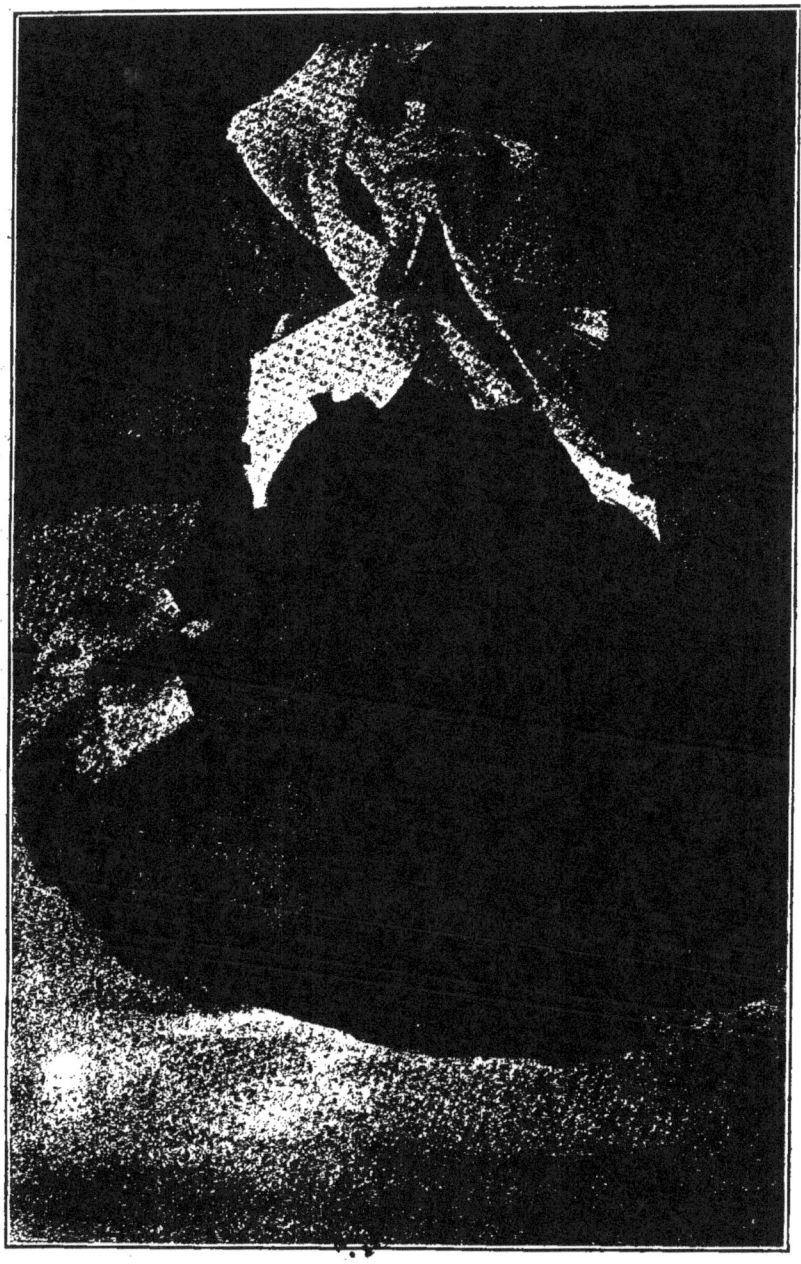

Exposition de Munich.

Jeune Bretonne.

Acheté par Wallis & Son, *French Pall-Mall Collection* (Londres).

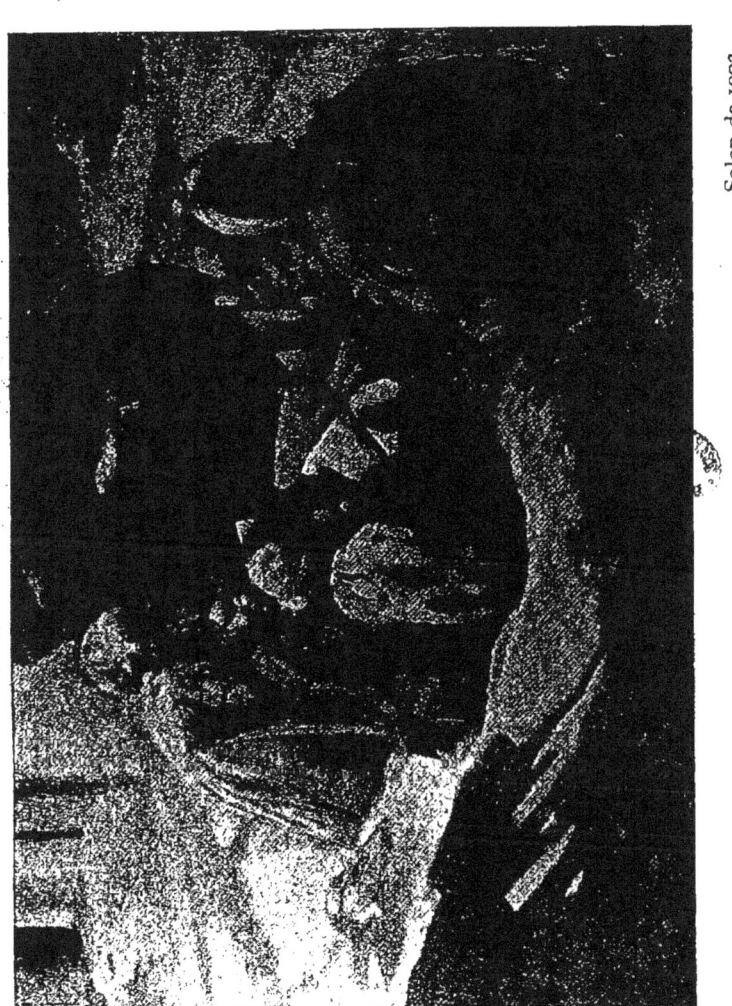

Coin de soleil.

Salon de 1902.

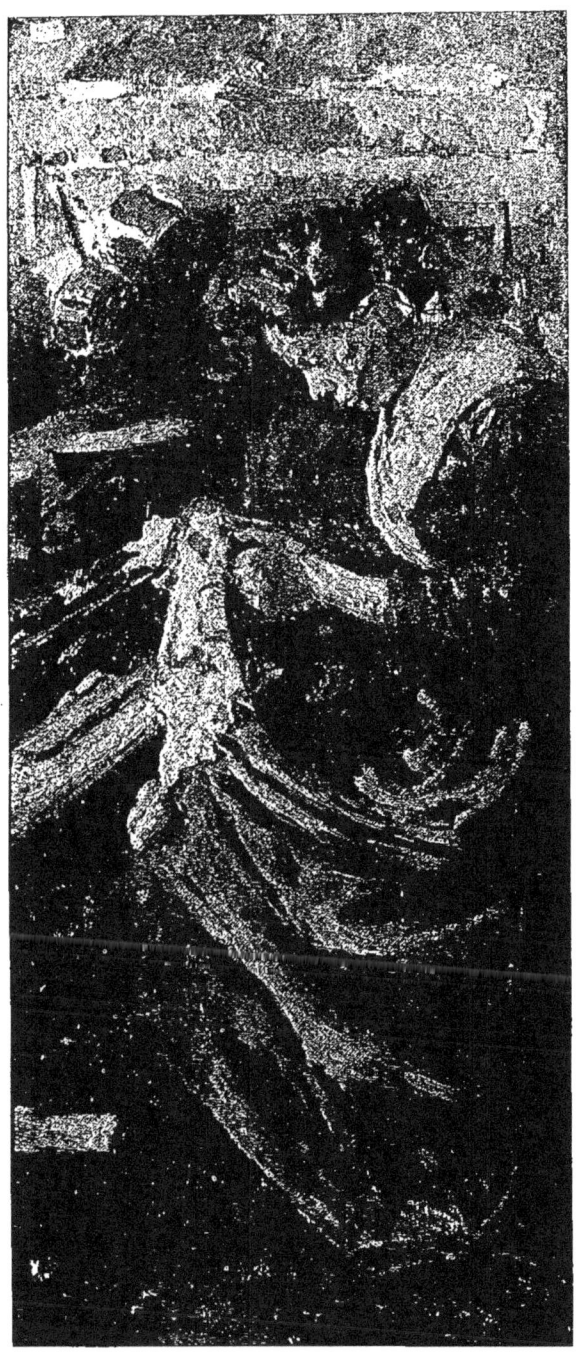

Salon de 1899.
Cuisinière (effet de lumière).

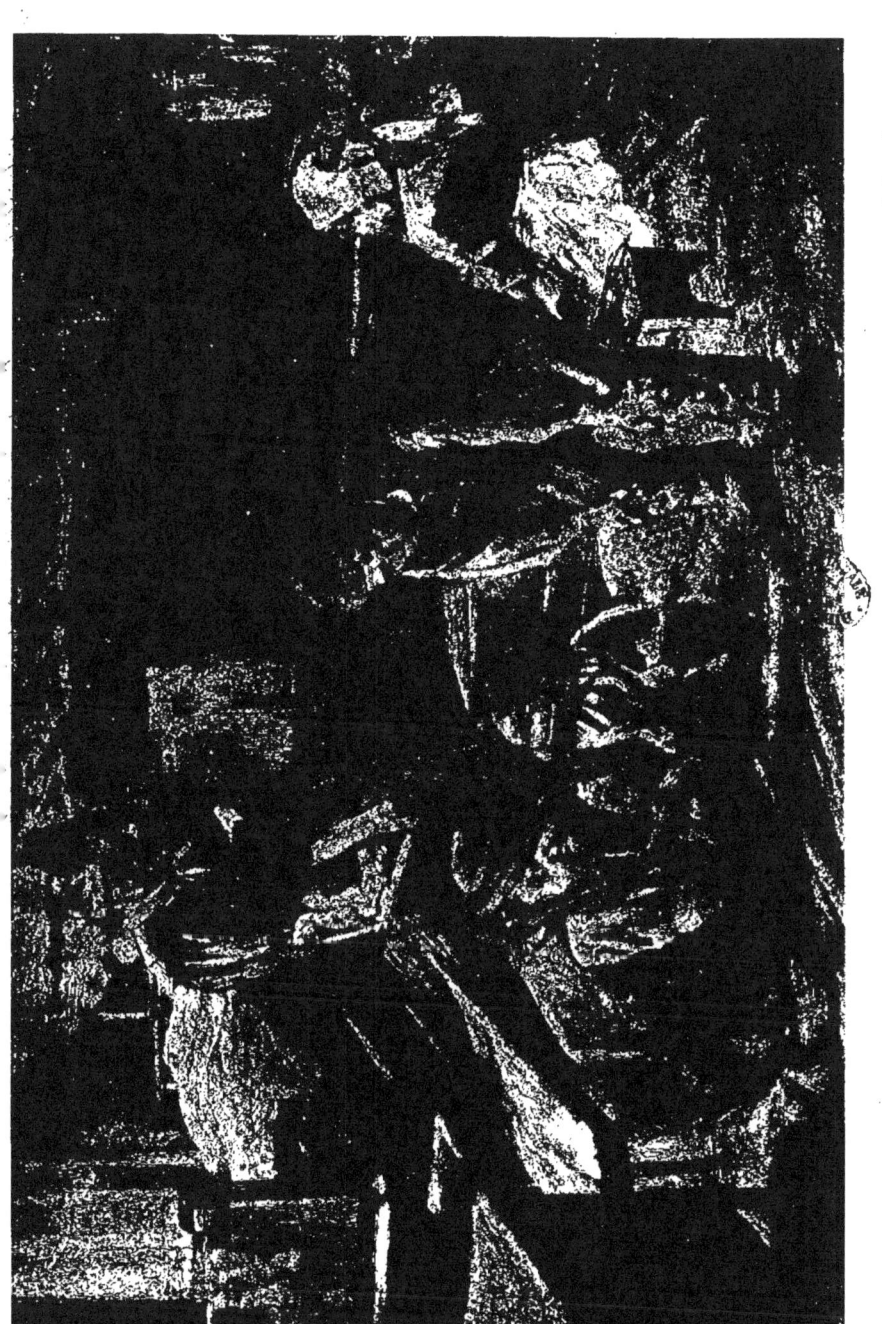

Jeu de quilles (intérieur breton).

Salon de 1904.

# TABLE DES HORS-TEXTE

### CONTENUS DANS CET ALBUM

*Portrait de Raphaël Lewisohn.*
*Yvonne* (portrait).
*Femme de marin.*
*Tendresse d'aïeul.*
*Lecture.*
*Jeunes « Bigoudènes ».*
*Le Moissonneur.*
*Bords de l'Oise.*
*Jeune Italien.*
*Brumes d'Automne.*
*Déclin du jour.*
*Première valse.*
*Chiffonnière.*
*Terrassiers à Pantin.*
*Jeune Bretonne.*
*Coin de soleil.*
*Cuisinière.*
*Jeu de quilles.*

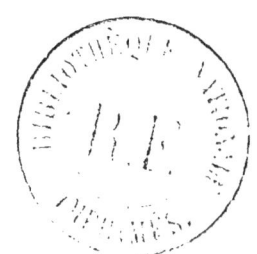

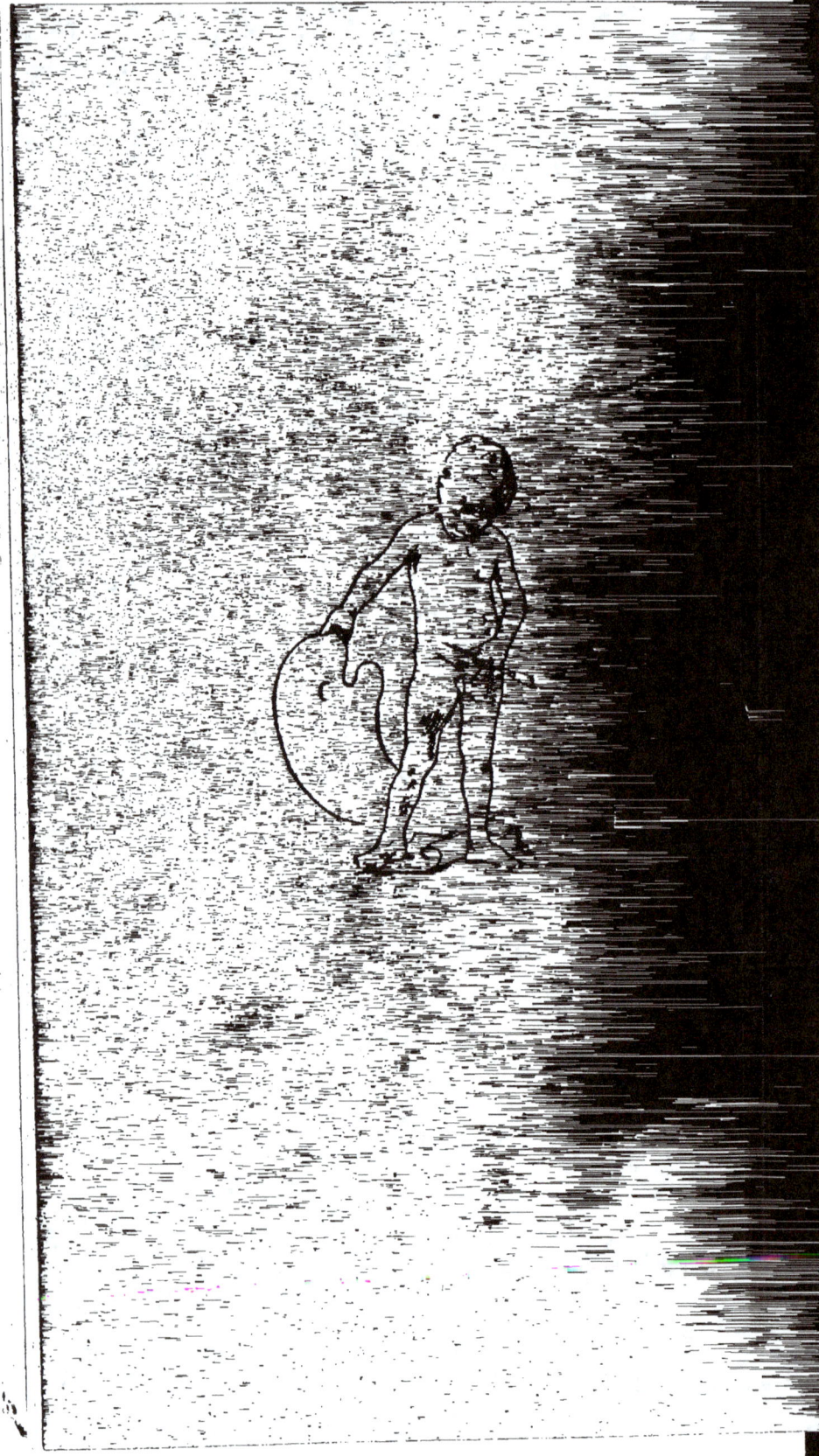

www.ingramcontent.com/pod-product-compliance
Lightning Source LLC
Chambersburg PA
CBHW050022230526
45470CB00003B/1079